ID# BAC DE FRANÇAIS
2023

MOLIÈRE

Les Fourberies de Scapin

Fiche de lecture

© Bac de français.

1 rue Honoré - 93500 Pantin.

ISBN 978-2-38509-154-5

Dépôt légal : Décembre 2022

Impression Books on Demand GmbH

In de Tarpen 42

22848 Norderstedt, Allemagne

SOMMAIRE

• Biographie de Molière.. 9

• Présentation des *Fourberies de Scapin*..................... 17

• Résumé de la pièce.. 21

• Les raisons du succès.. 33

• Les thèmes principaux... 37

• Étude du mouvement littéraire.................................... 43

• Dans la même collection... 51

BIOGRAPHIE DE MOLIÈRE

Jean-Baptiste Poquelin, dit Molière, nait dans une famille de marchands tapissiers en 1622. Tant du côté paternel (Jean Poquelin) que du côté maternel (Marie Cressé), le métier de tapissier fait partie d'une tradition familiale. En effet tous deux ne comptent parmi leurs ancêtres que des artisans du métier. Ils ne font pas fortune, mais en 1631 le ménage dispose d'assez d'argent pour acheter la charge de « tapissier ordinaire du Roy » au frère de Jean Poquelin, qui leur permet de vivre aisément. Jean-Baptiste est l'aîné des six enfants de la famille, dont deux sont morts en bas-âge. L'année suivante, en 1632, la mère de Jean Baptiste est enterrée au cimetière des Innocents. En 1633 son père se remarie avec Catherine Fleurette.

Cette relative aisance bourgeoise dans laquelle évolue le jeune homme lui permet d'entreprendre des études classiques chez les jésuites du Collège de Clermont (actuellement le lycée Louis-le-Grand à Paris), puis des études de droit. Il est reçu avocat en 1641. Entre temps il prête serment de « survivancier » à la charge de son père et rencontre en 1640 une comédienne de son état, Madeleine Béjart. Durant ces années, la famille Poquelin habite alors le quartier le plus animé de Paris. Jean Baptiste fréquente le théâtre, aussi bien celui des comédies italiennes que celui des « Grands Comédiens », où sont données les tragédies. Il s'arrête souvent pour regarder les troupes de comédiens ambulants qui effectuent des parades et jouent des farces pour la joie des badauds fascinés. Il fait alors la connaissance de Tiberio Fiorelli, dit Scaramouche, qui devient, comme on l'imagine, son professeur.

C'est trop de théâtre pour un tapissier et faisant fi de son serment Jean-Baptiste décide, en 1643, avec Madeleine Béjart (qui vient d'avoir une fille, Armande) et d'autres comédiens, d'ouvrir son propre théâtre. Il a confiance et nomme ce nouveau théâtre : « L'Illustre Théâtre ». Jean-Baptiste, qui en est le directeur, se fait appelé Molière. C'est l'aboutissement d'une évolution. Il s'est d'abord introduit dans les milieux du théâtre par des groupes d'amateurs, puis via une troupe professionnelle, pour s'immiscer par la suite dans le groupe social de la vedette de la nouvelle troupe, Madeleine Béjart. La famille Béjart n'a rien d'une famille de saltimbanques, ils sont voisins des Poquelin et le projet n'a rien d'improvisé. L'association a lieu entre gens qui se fréquentent. Mais la famille Béjart est endettée. Émancipée à l'âge de 17 ans, Madeleine et ses frères forment une troupe avec Molière pour se tirer d'affaire. Ils espèrent l'entreprise lucrative. L'Illustre-Théâtre s'installe à Paris, faubourg Saint-Germain, dans une salle de jeu de paume aménagée en salle de théâtre comme c'était la coutume à l'époque. La troupe a pour projet de devenir la troisième troupe de théâtre entretenue par le roi, après l'Hôtel de Bourgogne, et le théâtre des frères Corneille. Ils engagent des fortunes colossales pour aménager la salle, recrutent musiciens et danseurs, mais les dettes s'accumulent. En 1643, ils quittent le quartier de Saint Germain et vont dans le quartier des Marais, sans succès. Malgré la mise à l'affiche de noms déjà confirmés, tel celui de Corneille, l'Illustre-Théâtre est contraint de fermer ses portes en 1644. Molière va régulièrement au cachot pour dettes. C'est un premier échec qui le mène à rejoindre une troupe provinciale itinérante.

Son amour pour le métier de comédien le pousse à s'engager avec ses compagnons, en 1645, dans une troupe itinérante (Charles Dufresne, protégée par le Duc d'Epernon) dont il devient rapidement le directeur. Pour Molière le théâtre est une aventure, un voyage parmi le peuple. Il fait une sorte de parcours initiatique, de formation, qui le révèle au public français. Il puise son inspiration aux sources des traditions populaires, d'un théâtre gestuel et oral. Molière écrit sa première pièce en 1655, *L'Étourdi ou les contretemps*, première

« grande comédie » qui imite une forme de comédie italienne dite la *commedia sostenuta*, plus élaborée, plus écrite et plus littéraire que la *commedia dell'arte*. Il invente le personnage de Mascarille, valet agile de corps et d'esprit.

Il fait le tour de la France jusqu'en 1658, date à laquelle la troupe qui a gagné les faveurs du frère du Roi s'installe à Paris. Après avoir joué *Nicomède* et *Le Docteur amoureux*, le roi leur accorde la salle du petit Bourbon, en alternance avec les Italiens. Le succès n'est pas immédiat. Puis il joue *Le Dépit amoureux* qui remporte un grand succès. Molière s'essaie à la tragédie mais n'y réussit pas. En 1659, après avoir pris la direction de la troupe à la place de Charles Dufresne reparti en province, Molière crée *Les Précieuses ridicules*. Son comique n'est pas simplement l'amplification d'un geste, il devient imitation et déformation du mot. Il crée un mode, un type, la précieuse, qui hante la scène théâtrale pendant un long moment. Molière prend position sur deux sujets essentiels : l'œuvre littéraire et son statut dans la société. En 1661, sa pièce *L'École des maris*, en trois actes, lui attirent les faveurs du public de Cour. Suit alors la création des *Fâcheux* à la demande de Fouquet, première pièce qu'il écrit pour la Cour du Roi.

Il se marie en 1662 avec Armande Béjart. Cette même année il donne *L'École des femmes*, sa première grande comédie en cinq actes jouée sans accompagnement et appréciée du public et du Roi. Il montre dans cette pièce ce que peuvent devenir les formes de la sociabilité mondaine et les conséquences des abus de pouvoir masculins. Il remet en cause jusqu'au statut du mariage chrétien. Cependant la pièce est l'objet de querelles littéraires : les Frères Corneille et la troupe de l'Hôtel de Bourgogne se font ses détracteurs. Il se défend contre les hostilités avec *La Critique de l'École des femmes* : « C'est une entreprise difficile que de faire rire les honnêtes gens. » Pour le carnaval de 1664, Molière participe aux *Plaisirs de l'Île enchantée*, la fête met à l'honneur la magnificence du règne de Louis XIV, à sa demande. C'est dans ce climat de triomphe que Molière joue *Le Tartuffe*. La critique des dévots s'attire les faveurs du roi et de la Cour mais pas celles de la compagnie du Saint-Sacrement. La cabale des dévots s'acharne contre cette pièce dont la première version met en scène non pas un homme du monde aux allures de dévot mais un véritable prêtre, hypocrite de religion. La puissance de l'Église condamne sa pièce, d'autant plus appuyée des soupçons qui pèsent sur la comédie. Avec *Dom Juan*, en février 1665, Molière s'attaque à la nocivité de la noblesse abandonnée à son bon plaisir. *Dom Juan* est un succès foudroyant. La pièce reprend une histoire populaire et joue sur l'insolence, l'étonnement et la peur. Après l'échec du *Tartuffe*, Molière a besoin d'un succès garanti. Mais encore une fois, dans cette pièce la religion ne triomphe pas. L'athée ne se convertit pas. Les représentations sont limitées puis *Dom Juan* ne sera plus joué de son vivant. Après cela Molière revient à des spectacles de Cour, *L'Amour médecin*, où la critique de la médecine est très sévère ; on joue aussi pour la première fois *Le Misanthrope* en 1666, puis *Le Médecin malgré lui*. Mais la satire perd en verve et il abandonne les sujets qui lui valent d'être accusé d'impiété et d'immoralité. D'autant que les premiers signes de sa maladie pulmonaire se font sentir. Si *Le Misanthrope* décrit les mœurs du temps il ne remet pas en cause les principes de la société. Jusqu'en 1671, Molière est au service de la Cour. En août 1667, la reine mère n'étant plus là et le parti dévot tombant dans le déclin, il relance son théâtre avec *Tartuffe* une nouvelle fois. Le statut du personnage est changé, on le nomme Panuphle, mais ça ne réussit pas. Il fait salle comble et les autorités religieuses la condamnent immédiatement. En 1667 le théâtre est en crise. Mais en 1668, Molière revient triomphant avec *Amphitryon*, joué lors des fêtes du carnaval. Il transpose la critique sociale sur le terrain de la mythologie. A Versailles il donne *George Dandin, ou le mari confondu*, une comédie-ballet écrite avec Lulli. En septembre 1668, il joue *L'Avare*, grande comédie en cinq actes par laquelle il règle ses comptes avec l'argent omniprésent en société. Il faut attendre 1669 pour qu'on joue librement *Le Tartuffe*. Cette même année, Lulli et lui triomphent avec *Monsieur de Pourceaugnac*. En 1670, il joue *Le Bourgeois gentilhomme*. Les farces ne suffisent plus ni à la Cour ni au roi, on veut désormais du sérieux et de la grandeur, il propose alors *Psyché* qui fait un triomphe. Dans l'intervalle, Molière écrit *Les Fourberies de Scapin*.

Molière aura passé toute sa vie sur les planches du théâtre jusqu'à sa dernière représentation, en février 1673 à la Comédie-Française, après la quatrième du *Malade Imaginaire*. Avec cette dernière pièce il signe à la fois son défi au roi, afin de prouver que le public parisien peut suffire à assurer le succès d'une pièce sans qu'une commande du roi ne soit utile, et un défi à sa santé.

PRÉSENTATION DES FOURBERIES DE SCAPIN

Les Fourberies de Scapin est une comédie écrite spécialement pour la ville, mélange de la plus fine des cultures du théâtre savant avec une tradition venue de la pratique populaire italienne qui avait de quoi choquer les doctes et les gens de goût. La première représentation date de mai 1671, sous le règne de Louis XIV, au théâtre du Palais Royal à Paris. Molière interprète le rôle de Scapin et Armande Béjart, son épouse, celui d'Hyacinthe. Molière y mêle Térence, la comédie italienne et Tabarin, mélange perçu par les contemporains comme une irrévérence envers l'Antiquité. *Les Fourberies de Scapin* fait office de testament. Molière n'a plus alors que vingt-et-un mois à vivre. C'est un texte écrit pour être joué sans ornement, sans musique ni ballet, un retour à la comédie pratiquée à l'Illustre-Théâtre, et qui va à l'encontre de l'engouement du public pour les grands spectacles.

Tout se déroule sur l'affrontement entre deux personnages que tout oppose : un vieillard autoritaire et avare, et un valet rusé qui se joue de lui, ce qui met à nu les deux ressorts fondamentaux du genre comique : le conflit et le jeu. Toute perspective d'édification morale est rejetée par une vision du monde propre à la comédie italienne selon laquelle tout est régi par les caprices du hasard, et dominé par une force maligne, les coups du sort suscitant de perpétuels obstacles à l'action humaine, que seule la clairvoyance et l'ingéniosité –voire la fourberie –peuvent aider à surmonter. De là un certain scepticisme à l'égard des valeurs traditionnelles comme l'autorité ou la justice que conforte l'éloge récurrent de la fourberie. *Les Fourberies de Scapin* se construit à partir d'une pièce de Térence, *Phormion*, à laquelle Molière ajoute, supprime et change des éléments. Molière emprunte à la comédie latine, à la commedia dell'arte et au théâtre contemporain. Molière reprend la matrice de *Phormion* : deux pères rentrent de voyage et leur deux fils ont commis des actes irréparables en leur absence. Il faut que les jeunes gens abusent les vieillards pour jouir de leurs amours. Enfin une scène de reconnaissance fait intervenir une nourrice. Puis Molière étoffe sa pièce à partir d'autres scènes.

RÉSUMÉ DE LA PIÈCE

Acte premier

Scène première

Tout se passe à Naples. Octave et Sylvestre sont seuls. Octave apprend de son valet que son père, Argante, sera de retour « Ce matin même » (Sylvestre). Octave demande à Sylvestre si son père a pour projet de le marier, s'il s'agit de la fille de Monsieur Géronte et s'il tient ces nouvelles de son oncle. A tout cela le valet répond positivement. La fille est « mandée de Tarente » (port d'Italie du Sud). Argante aurait convoqué Géronte et sa fille par une lettre. Octave demande conseil à son valet : « Conseille-moi »/ « Ma foi, je m'y trouve autant embarrassé que vous » lui répond Sylvestre. Ce dernier lui reproche de ne pas avoir pensé à la situation avant de s'impliquer dans les problèmes. Octave craint la colère de son père : « Fâcheuses nouvelles pour un cœur amoureux. »

Scène 2

Apparition de Scapin qui rejoint Octave et Sylvestre. Il demande à Octave ce qui le met dans ce triste état. Octave lui demande de le sortir de cette « fâcheuse » affaire. Scapin prononce une petite tirade sur la fourberie : « Un génie assez beau pour toutes les fabriques de ces gentillesses d'esprit, de ces galanteries ingénieuses. » Il apprend qu'il a eu un différend avec la justice autrefois : « J'ai renoncé à toutes choses depuis certain chagrin d'une affaire qui m'arriva. » Octave lui raconte tout. Son père est parti avec Géronte pour affaire et ils ont laissé leurs fils, Léandre et lui, aux mains de leur valets. Léandre a rencontré un égyptienne dont il est tombé amoureux. Plus tard, sur le chemin, Octave rencontre une jeune fille en larmes devant le corps de sa mère. Sylvestre reprend en main le récit qui devient trop long. Mais Scapin semble avoir saisi le problème. Octave veut voir la jeune fille pour la consoler puis il se fait chasser par la gouvernante qui lui dit qu'à moins qu'il veuille l'épouser il doit partir. C'est une jeune fille pauvre. Octave cède. Ils sont mariés depuis trois jours. Or son oncle a appris ce mariage et son père, qui ne devait revenir que dans deux mois, est en chemin. Scapin reproche à Sylvestre de ne pas avoir de ruse en tête pour se sortir de la situation. Hyacinthe approche.

Scène 3

Hyacinthe rejoint Octave, Scapin et Sylvestre. Hyacinthe pleure. Sa nourrice, Nérine, a appris de Sylvestre la venue du père avec une autre femme destinée à Octave. Ce dernier la rassure de son amour sincère et la prie de lui faire confiance. Il lui présente Scapin qui accepte de les aider. Scapin propose à Octave de tenir tête à son père et imite Argante afin de lui donner la réplique : « Comment ! pendard, vaurien, infâme, fils indigne d'un père comme moi. » Mais lorsque Sylvestre vient lui annoncer l'arrivée de son père, Octave s'enfuit. Scapin reste avec Sylvestre.

Scène 4

Argante parle « tout haut », « se croyant seul ». Scapin l'écoute pour savoir ce qu'il a entendu dire de ce mariage. Il établit son stratagème. Scapin se montre enfin avec Sylvestre, lui demande s'il a fait bon voyage, installe un climat de confiance. C'est Scapin qui dirige le dialogue. Il persuade Argante que son fils s'est marié de force et non de son plein gré sans le consentement de son père. Sous la menace de mort des parents de la jeune fille, Octave aurait consenti à l'épouser. Argante menace de déshériter son fils s'il n'avoue pas aux autorités que c'est bien sous cette contrainte qu'a eu lieu ce mariage : « Il vaut mieux encore être marié qu'être mort. » (Scapin)

Scène 5

Scapin est seul avec Sylvestre. Scapin veut déguiser Sylvestre en « méchant garçon ».

Acte II

Scène première

Géronte et Argante parlent seuls. Géronte reproche à Argante d'avoir mal éduqué son fils. Argante est piqué au vif et lui confie à demi-mots que son fils « avait fait pis encore que le [s]ien ». Ils se quittent là.

Scène 2

Géronte et Léandre se retrouvent seuls. Léandre essaie de témoigner de l'affection pour le retour de son père. Celui-ci le repousse et demande ce qu'il a fait de mal en son absence. Léandre nie avoir fait une mauvaise action. Son père insiste et mentionne Scapin : « Ah ! Ah ! ce mot vous fait rougir. » Géronte quitte l'endroit pour aller en parler ailleurs avec son fils.

Scène 3

Octave, Scapin et Léandre discutent ensemble. Léandre se plaint de la trahison de Scapin « seul ». Puis il le voit et s'approche de lui l'épée à la main pour le frapper. Octave s'interpose et tente de le calmer. Léandre veut que Scapin confesse ce qu'il a dit à son père. Scapin feint la surprise puis fait une série d'aveux qui n'ont rien à voir avec Géronte. Scapin avoue que c'est lui qui a volé son vin d'Espagne, lui qui a pris la montre qu'il devait porter à l'égyptienne, lui qui « faisai[t] le loup-garou ». Léandre en prend bonne note mais n'est intéressé que par ce qu'il a dit à Géronte. Scapin suggère que son père a menti puisqu'il ne l'a pas vu.

Scène 4

Un nouveau personnage, Carle, entre en scène. Il apporte une « fâcheuse » nouvelle pour Léandre. Les égyptiens ont enlevé Zerbinette et réclament une somme d'argent en échange de cette femme. Léandre supplie alors Scapin de l'aider. Scapin en profite pour se faire désirer afin que Léandre lui pardonne tous ses coups en échange de son aide. Scapin avoue avoir trouvé un stratagème pour les deux pères et pour que l'argent viennent de leur part. Il envoie chercher Sylvestre pour « venir vite jouer son rôle ».

Scène 5

Scapin et Argante se retrouvent seuls. Scapin soumet une solution à Géronte. Il dit avoir été rendre visite au père de la jeune femme pour y trouver un arrangement. Scapin fait croire à Argante que l'homme accepterait la fin du mariage à raison de six cents ou sept cents « pistoles ». Puis Scapin prétend avoir baissé le prix. Pour l'armée, ce père aurait besoin de sous pour l'équipement. Scapin montre à Argante par effet de contraste qu'au lieu de payer six cents pistoles il avait réussi à marchander qu'il n'en paierait que deux cents. Argante refuse et veut « plaider ». Scapin tente de le convaincre de ne pas passer par la justice qui lui coûtera plus chère encore sans compter tous les autres soucis que la justice apporte : « Si j'étais que vous, je fuirais les procès. » Argante n'est pas convaincu.

Scène 6

Sylvestre « déguisé en spadassin » les rejoint tous les deux. Il prétend voir Argante parce qu'il vient d'apprendre que celui-ci veut lui faire un procès et rompre le mariage de sa fille. Scapin fait passer Argante pour un ennemi du père d'Octave afin que celui-ci puisse observer à qui il a affaire. Le spadassin (Sylvestre) lui serre la main et menace de mort Argante. Il fait une démonstration de ses coups d'épée : « Il met l'épée à la main, et pousse de tous les cotés, comme s'il y avait plusieurs personnes devant lui. » Argante prend peur et accepte de payer. Il veut les apporter lui-même mais Scapin le fait renoncer. Scapin prend les deux cents pistoles et part à la recherche du père de Léandre : « Et un. Je n'ai qu'à chercher l'autre. Ah ! ma foi, le voici. Il semble que le Ciel, l'un après l'autre, les amène dans mes filets. »

Scène 7

Scapin se retrouve seul avec Géronte. Scapin fait semblant de ne pas le voir et prend un air désespéré. Il annonce à Géronte que son fils, malheureux après l'échange qu'il avait eu avec son père, était parti sur le port et qu'avec Scapin ils avaient embarqué dans une galère pour boire du bon vin et manger de bons fruits. Mais un turc a chassé Scapin pour qu'il vienne trouver son père et échanger Léandre contre cinq cents écus. Scapin prie Géronte de sauver son fils. Géronte tente de trouver des solutions qui n'impliqueraient pas de donner cet argent. Son avarice est plus forte que sa crainte pour la vie de son fils : « Mais que diable allait-il faire à cette galère » (répété cinq fois). Tout d'abord il demande à Scapin de prendre la place de son fils en attendant de réunir l'argent. Scapin ne s'y trompe pas et refuse. Géronte donne à Scapin la clef de son armoire pour qu'il vende ses vêtements et paie les Turcs. Scapin lui dit que ça ne suffira pas : « Laissez là cette galère, et songez que le temps presse. » Puis Géronte lui remet quatre cents écus, Scapin insiste : « Non. Cinq cents écus. » Géronte tend sa bourse avec l'argent puis la remet dans sa poche et dit à Scapin d'aller trouver les Turcs. Scapin lui fait remarquer qu'il a remis la bourse dans sa poche. Scapin ne lâche pas prise : « Je veux qu'il me paie en une autre monnaie l'imposture qu'il m'a faite auprès de son fils. »

Scène 8

Scapin se retrouve avec les deux fils, Octave et Léandre. Scapin donne les deux cents pistoles à Octave : « Ah ! que tu me donnes de joie ! » Scapin donne les cinq cents écus à Léandre mais en échange de sa permission « devant témoins », de pouvoir exercer « une petite vengeance contre votre père pour le tour qu'il m'a fait ». Léandre ne s'y oppose pas.

Acte III

Scène première

Scapin et Sylvestre se retrouvent avec Hyacinthe et Zerbinette. Les deux femmes se lient d'amitié. Elles demandent de l'aide à Scapin pour qu'il les aide à s'attirer les faveurs des deux pères pour un mariage. Zerbinette en effet avoue que l'argent ne suffira pas à Léandre pour la « voir toute la nuit ». Sylvestre suggère à Scapin d'abandonner son désir de vengeance. Scapin refuse.

Scène 2

Scapin voit Géronte seul. Il lui dit que son fils est sauf mais qu'à présent c'est lui-même qui est en danger. Le frère de l'épouse d'Octave le ferait chercher par des spadassins pour le tuer de vouloir remplacer la place de sa sœur par sa fille. Scapin le fait rentrer dans un sac pour feindre de la cacher. C'est Scapin qui imite les voix des spadassins et roue de coups le dos de Géronte feignant que c'est sur le sien qu'on s'acharne. Au dernier coup Géronte sort la tête du sac et Scapin s'enfuit : « Ah ! infâme ! Ah ! traître ! Ah ! scélérat ! C'est ainsi que tu m'assassines ! »

Scène 3

Zerbinette voit Géronte. Elle ne sait pas qu'il est le père de Léandre. Elle raconte à ce Monsieur l'objet de son rire. Elle lui conte son histoire. Léandre est tombé amoureux d'elle et pour la sortir de cette troupe d'égyptiens, il lui fallait voler l'argent de son père puisque lui n'en avait pas. L'avarice du « vieillard » conduit le valet du fils à lui jouer un tour pour récupérer l'argent. Elle rit de bon cœur tout en lui récitant ce conte lorsqu'elle s'aperçoit qu'il ne rit pas du tout. Il sait à présent toute l'affaire : « Le jeune homme est un pendard, un insolent qui sera puni par son père ; que l'égyptienne est une malavisée […] de dire des injures à un homme d'honneur […] le valet est un scélérat qui sera par Géronte envoyé au gibet avant qu'il soit demain. »

Scène 4

Sylvestre réprimande Zerbinette pour avoir tout avouer au père de Léandre, son « amant ». Zerbinette ne s'en soucie pas : « N'aurait-il pas appris cela de quelque autre ? »

Scène 5

Argante appelle Sylvestre qui conseille à Zerbinette de « rentre[r] dans la maison ». Argante l'accuse d'avoir manigancé avec Scapin et son fils tous ces mensonges pour avoir l'argent.

Scène 6

Géronte les rejoint, « accablé ». Argante lui dit que lui aussi s'est fait voler par ce « fourbe » de Scapin, « le même pendard de Scapin » (Argante). Tous deux veulent se venger de Scapin. Sylvestre craint pour sa propre vie. Géronte vient aussi d'apprendre que sa fille est déjà partie de Tarente « il y a longtemps » et qu'elle est probablement perdue en mer.

Scène 7

Nérine les rejoint tous les trois. Sylvestre est témoin de la scène. Nérine se jette au pied de Géronte pour lui demander pardon d'avoir marié sa fille tandis qu'il avait disparu. Elle le retrouve et va le conduire auprès de sa fille, suivi d'Argante après avoir appris que le nouveau mari n'était autre qu'Octave.

Scène 8

Sylvestre apprend la nouvelle à Scapin. Hyacinthe est la fille de Géronte initialement promise à Octave par Argante. L'affaire d'Octave est arrangée mais Sylvestre craint les répercussions de la colère des deux pères. Scapin reste confiant.

Scène 9

Géronte, Argante, Sylvestre, Nérine et Hyacinthe sont tous réunis. Géronte reconnait sa fille. Octave arrive.

Scène 10

Zerbinette et Octave les rejoignent. Octave tient tête à son père et refuse toute proposition de mariage. Il avoue qu'il aime Hyacinthe tandis que tous essaient de lui dire que tout va bien puisque Hyacinthe est la fille de Géronte. Hyacinthe demande à son père de ne pas la séparer de Zerbinette qu'elle souhaite avoir pour amie et d'accéder au mariage de son frère, Léandre, avec elle. Zerbinette s'excuse pour les insultes qu'elle a dites à Géronte mais il demeure réticent : « Une fille, qui, inconnue, fait le métier de coureuse ! »

Scène 11

Léandre arrive pour annoncer à son père son amour pour « une inconnue sans naissance et sans bien ». Mais les égyptiens lui ont confié qu'en réalité elle est de cette ville et « d'honnête famille ; que ce sont eux qui l'ont dérobée à l'âge de quatre ans ». Ils ont donné un bracelet à Léandre pour prouver leurs dires. Argante reconnait ce bracelet qui appartient à la fille perdue des années plus tôt : « J'y vois tous les traits qui m'en peuvent rendre assuré. »

Scène 12

Carle entre en scène pour leur annoncer à tous que Scapin est mourant « un marteau de tailleur de pierre lui a brisé l'os et découvert la cervelle », et qu'il demande à leur parler une dernière fois.

Scène 13

Tous les personnages sont sur scène. Scapin arrive porté par des hommes « la tête entourée de linges ». Il présente ses excuses à Argante et Géronte : « Je vous conjure de tout mon cœur de vouloir me pardonner. » Argante accepte : « va, meurs en repos ». Géronte en fait de même lorsque Scapin mentionne les coups de bâton qu'il lui a donnés : « Ne parle pas davantage »/ « Laissons cela. » Scapin insiste lourdement sur les coups de bâtons, ne faisant que répéter sa honte. Géronte ne cesse de lui demander de se taire. Scapin le remercie de son pardon mais Géronte lui affirme que son pardon n'est valable que s'il meurt. Argante le raisonne : « En faveur de notre joie, il faut lui pardonner sans condition » / « Allons souper ensemble pour mieux goûter notre plaisir. » Sur quoi Scapin ajoute : « Et moi, qu'on me porte au bout de la table, en attendant que je meure. »

LES RAISONS
DU SUCCÈS

Louis XIV règne depuis dix ans et Versailles est encore un vaste chantier. Le roi achève les remaniements qui vont transformer le relais de chasse en « palais royal » avec l'architecte Louis Le Vau. C'est encore l'époque de la jeunesse du roi, où tout semble sourire à la France, où les arts sont encouragés. C'est aussi une époque où la France reste catholique face à l'Angleterre qui préfère une religion d'État, l'anglicanisme. La France obéit à la papauté dont le siège est au Vatican à Rome. L'armée française l'emporte sur les Espagnols en 1659, ce qui permet d'annexer la Flandre en 1668. Dès 1670 le roi Louis XIV se prépare à entrer en guerre contre la Hollande. La France est riche, les industries naissent, une classe sociale riche émerge aux côtés de la noblesse : la bourgeoisie. Sur le plan intellectuel, on observe quelques grands noms, Corneille, La Fontaine, Racine, et Molière se retrouve au centre de cette activité par son talent et par son âge. Il a seize ans de moins que Corneille, mais dix sept ans de plus que Racine. C'est une véritable effervescence littéraire. Les grandes et les petites troupes de théâtre se multiplient, chacun peut se divertir dans la rue selon son goût, de la farce à la pantomime ou au théâtre de foire, de la comédie à la tragédie, en observant les saltimbanques sur le Pont-Neuf ou rencontrer les comédiens dans une salle à Paris.

À sa création au théâtre du Palais Royal en mai 1671, *Les Fourberies de Scapin* ne remporte pas l'accueil chaleureux du public parisien. C'est la postérité qui lui rend toute sa gloire, traduite dans toutes les langues elle reste à ce jour l'une des pièces les plus représentées du théâtre français. Cet échec relatif tient beaucoup à la période d'incertitude à laquelle la troupe se retrouve confrontée entre l'hiver et le printemps 1671. Le Palais-Royal entreprend de faire des travaux qui ne favorisent pas la représentation d'une « grande comédie » en cinq actes. Molière crée une œuvre de circonstance, adaptée aux dimensions réduites de la scène et à un décor sommaire qui permet de réduire les frais. *Les Fourberies de Scapin* sont mises à l'affiche en mai, après la représentation de pièces déjà rodées comme *Le Tartuffe*, *Le Bourgeois gentilhomme*, *L'Avare*, *Le Misanthrope*. Il affiche *Les Fourberies de Scapin* au côté d'une petite comédie, *Le Sicilien*, qui n'a jamais connu de succès. Le public considère alors que *Les Fourberies de Scapin* n'est qu'un interlude sans grande envergure destiné à faire patienter la ville avant la représentation de *Psyché*, promesse d'un spectacle somptueux. La pièce passe pour un simple divertissement. Cette pièce se rapproche de la commedia dell'arte dans la mesure où elle n'établit pas de relations avec le public mondain. Les détails ne sont ni réalistes ni satiriques. La peinture que brosse Scapin de la justice est un lieu commun littéraire, transformé en une accumulation délirante de défauts, vrais ou imaginaires, prêtés au système judiciaire français dans le but de dégouter le vieillard d'entamer une procédure. Molière distingue cette pièce par le dépouillement des décors, des ornements, qui contrastent avec le goût croissant du public pour des spectacles où se mêlent danse et musique. *Les Fourberies de Scapin* s'inscrit dans le genre de la farce. Boileau le confirme en déclarant que l'auteur a « quitté pour le bouffon, l'agréable et le fin ». La destinée de la pièce lui rendit cependant justice. Après la mort de Molière, elle est jouée dès 1680 trois fois à la Cour, et jusqu'à la mort de Louis XIV en 1715, cent quatre-vingt dix-sept fois en ville. La farce est représentée plus de mille trois cent soixante fois à la Comédie-Française, les plus grands metteurs en scène s'y intéressent depuis le XVIIe siècle. Elle est reprise en France ou à l'étranger, où son succès ne s'est jamais démenti. Elle est traduite dans presque toutes les langues européennes.

LES THÈMES
PRINCIPAUX

Les Fourberies de Scapin est avant tout une farce à l'italienne, destinée à priori à faire rire plutôt que réfléchir. Mais Molière accompagne toujours le rire de réflexion. Le dramaturge représente dans cette pièce tous les comiques : visuel, verbal, de caractères et de situations. Les apartés ou encore les coups de bâtons sont des comiques de geste qui attirent l'attention physique du spectateur car il est pris à témoin. Les répétitions et les interjections suscitent le rire du spectateur dès la première scène. Langage et gestuelle permettent de confronter les caractères. Citons pour exemple la différence évidente entre les agissements de Sylvestre, timoré, craintif, à l'image d'Octave, et l'énergie de Scapin, sa ruse et son espièglerie. Ces deux valets jouent les médiateurs mais Sylvestre se retrouve dépassé par la situation. Scapin fait alors figure d'aventurier, il prend les rênes du jeu et devient le véritable centre d'intérêt. Le fossé entre les résolutions d'Octave et ses réactions participe de ce comique (sa fuite à la scène 3 devant l'arrivée de son père).

Ces balancements entre les différents caractères imposent une dynamique à la thématique sociale. La relation maitre-valet en effet pose le décor d'une société du XVIIe siècle et affronte les blocages en action. La parole libre du valet permet de rétablir les droits à la liberté de toute personne humaine, parce que Scapin en dominant la pièce renverse l'ordre social où c'est le maitre qui fait pression sur ses sujets (*cf.* la scène où Scapin bat Géronte à coups de bâton se faisant passer pour des spadassins). Scapin n'est pas le seul personnage à donner une épaisseur psychologique et morale à l'intrigue. Octave et Hyacinthe expriment toute leur passion à travers les angoisses d'Hyacinthe. Cette dernière pose le problème des relations parents-enfants dans lesquelles la jeunesse est ignorée. L'alliance à Scapin signe l'acte du retournement de situation. Les pères qui étaient sûrs d'eux-mêmes et de leur droit à la première scène de l'acte premier vont se trouver dépouillés d'une forte somme d'argent aux bénéfices de leurs enfants désobéissants. Ils seront tournés en ridicule et humiliés. L'annonce de Carle ranime les jeunes gens de même que la combativité de Scapin. Le deuxième acte révèle que c'est Scapin qui mène la pièce. Sa vengeance sur Géronte n'a pas d'utilité à l'intrigue, elle est plaisir du jeu. Par là il enrichit le comique de la pièce, le premier acte développe un comique plutôt classique tandis que le deuxième acte fait davantage référence à la commedia dell'arte. Léandre par exemple veut embrocher Scapin (II, 3), Scapin avoue des fourberies qui tiennent plus de la plaisanterie naïve ou du canular enfantin que de la méchanceté, mais le ton se fait plus acerbe. Le marchandage de Scapin et Argante contraste avec la situation tragique qu'annonce le valet à la scène 5 de l'acte II. L'intervention des spadassins est directement liée à la comédie italienne. L'entêtement du vieillard encore et toutes ses répétitions relatives à la galère sont autant de ficelles comiques pour épaissir les thématiques. Face à l'ingéniosité de Scapin, les jeunes gens reconnaissent la supériorité du valet. Et c'est à partir de ce moment que l'attention portée à l'argent s'estompe.

Scapin renverse le monde réel pour le faire entrer dans un monde de fantaisie, dans un monde de théâtre où Scapin règne en maître. Scapin participe à un effet de mise en abîme. Il transporte les personnages dans son propre univers et les fait jouer entre eux. Le théâtre envahit la vie des autres personnages par la force de la parole et de l'imagination dont est pourvu Scapin (cf. sa voix qui imite tous les spadassins, adoptant un accent différent à chaque fois). Le rapport de force maître-valet, père-fils ne repose plus sur une autorité imposée mais sur le respect de l'autre. Scapin en effet demande l'autorisation de Léandre d'obtenir vengeance sur le père. Dans le troisième acte, Scapin se laisse aller à sa passion pour la ruse et la fourberie, ce qui lui vaut d'être démasqué. Dans son désir de vengeance il oublie son statut de valet et ne trompe plus pour rétablir une justice ou un bonheur mais satisfaire un intérêt égoïste. Scapin se retrouve victime de son propre jeu, son excès est immédiatement puni puisqu'il se retrouve seul dans le monde qu'il a lui-même organisé. Le mensonge n'est plus efficace. Personne ne lui vient en aide, pas même Octave, Hyacinthe, Sylvestre ou Zerbinette qui restent tous muets à la dernière scène. Il dépasse les limites et doit jouer sa propre mort pour réintégrer la société.

Les pères sont autoritaires et les fils faibles, Molière dénonce les travers de sa société à travers une action déconcertante. En effet elle n'obéit pas aux règles traditionnelles. L'intrigue amoureuse ne devient que le prétexte d'un ensemble d'actions destinées à faire rire. Le dénouement est le fruit non pas des fourberies de Scapin mais de la double scène de reconnaissance. Le concept de nœud échappe aussi partiellement à la structure de la pièce, plus baroque que classique, plus à l'italienne qu'à la française. La plupart des personnages sont issus de ce répertoire italien. Chacun d'eux en effet joue un rôle précis et conventionnel. Le public le connait avant même de s'intéresser à l'intrigue. L'originalité de Molière s'exprime à travers les symétries des personnages et des fourberies : deux fils de famille se retrouvent sans argent, deux jeunes filles sont amoureuses et pauvres, deux pères sont autoritaires et riches, deux valets sont astucieux. Ce thème de la dualité annonce tout ce sur quoi repose l'intrigue : le double, le masque de chacun, qui jouent sur les oppositions et forment des groupes. A l'intérieur de ces groupes (pères, fils, filles, valets) Scapin garde son indépendance et montre le caractère propre à chacun des personnages qui l'entourent. C'est à travers lui que l'ensemble se découvre. Octave et

Léandre par exemple sont des fils de riches mais vivent dans le dénuement. Ils sont héritiers de la tradition du « jeune premier italien ». Le dramaturge les en démarque pour les insérer dans la réalité de leur siècle. Ils deviennent des amoureux français, démunis tout comme les jeunes filles. Octave parait plus digne et plus humain que Léandre. Ce dernier en effet est prêt à pourfendre Scapin (II, 4) pourtant, dès la scène suivante, il se rend compte qu'il a besoin de lui et implore son domestique. Scapin ne manque pas de le faire remarquer. Scapin fait attendre sa réponse avant de lui assurer son concours. Néanmoins, leur protestation n'est pas en mots mais en actes, montrant par là une volonté d'améliorer la situation concrètement. Les personnages sont dotés d'une morale.

Scapin est le seul qui véritablement perd son sens moral et jette un doute sur son caractère a priori vertueux. Son passé avec la justice est trouble, c'est certes l'occasion d'une critique envers la justice, mais aussi une façon d'obscurcir sa personnalité et ses intentions. Il met toute son énergie à faire triompher l'amour et la jeunesse contre la corruption financière mais le tourbillon de l'action qu'il mène l'étourdit. Peut-être essaie-t-il d'assumer sa condition de valet dans un siècle qui nie l'intelligence des subalternes et se défait ainsi de toute morale établie ? Scapin cherche à dominer et à exister dans sa condition, à aucun moment il ne souhaite prendre la place de son maitre. C'est ce même désir qui le rend marginal et le fait sortir des conventions caractéristiques du valet. Scapin est fourbe à des fins personnelles.

ÉTUDE DU MOUVEMENT LITTÉRAIRE

La commedia dell'arte est certainement l'une des plus vieilles formes de théâtre : improvisation, souplesse, élégance, et volubilité la caractérisent. Soutenue par l'Italie, elle a imprimé le sens de la vie au théâtre. Née d'une tradition populaire, elle ne s'interrompt pas depuis l'époque romaine mais ne commence à s'affirmer qu'à partir du XVIe siècle. Les sujets des pièces jouées par la commedia dell'arte se composent toujours de trois actes précédés d'un prologue qui n'a aucun lien avec la pièce. Un canevas accroché en coulisses décrit le déroulement de l'action tout en indiquant les entrées et les sorties des acteurs. Les comédiens, entre dix et douze, se partagent la scène. C'est un véritable éblouissement : l'intrigue très emmêlée est démêlée à une vitesse étourdissante tandis que bagarres, bastonnades, apparitions, duels, poursuites, enlèvements, déguisements, se succèdent sans relâche. Le comédien développe le thème comme il le désire et peut improviser gestes et textes. Il peut tout aussi bien se référer à des jeux de scène établis. Néanmoins, à l'exception de quelques répliques spontanées dues aux imprévus de l'action, les effets sont toujours soigneusement calculés. La littérature lui offre ses bons mots, ses monologues, ses comparaisons. L'art du comédien de la commedia dell'arte réside dans la maitrise parfaite de sa voix et de son corps afin de les utiliser comme instrument. La mise en scène déroule surprises, tours de force, et figures spectaculaires, mais également une discipline collective rigoureuse. Le masque, qui laisse le visage anonyme, ajoute au mime qui s'étend alors à tout le corps. La commedia dell'arte fait intervenir des personnages fondamentaux : deux vieillards, deux jeunes premiers amoureux, deux jeunes premières amoureuses, un fanfaron, deux valets, deux soubrettes. Ces types sont nuancés selon leur origine locale, leur tempérament et le canevas de la pièce. Un costume s'impose pour chaque personnage qui a ses propres accessoires, comme la batte d'Arlequin. A ces personnages s'ajoutent des acrobates, des danseuses, des chanteuses, et à partir du XVIIe siècle des *caratterista*, artistes qui n'ont aucun rôle mais servent de prétexte à la pièce dans les jeux divers. Au départ il s'agit de troupes itinérantes qui parcourent l'Italie, puis l'organisation s'améliore, s'établit plus posément. Au XIXe siècle le changement des mœurs entraine la fin de ce genre théâtral. Mais tous les pays d'Europe ont subi son influence. Elle laisse une empreinte dans l'imagination populaire, le théâtre, la poésie, les arts ou le cinéma.

En ce qui concerne les premiers écrits de Molière, on ne parle pas de véritables pièces. Il s'agit plutôt d'indications scéniques qui vont permettre aux acteurs et à Molière de tenir la scène et de donner la réplique en laissant aux protagonistes une grande liberté d'improvisation. Toute sa vie son théâtre sera écrit pour ainsi dire en « coulisses ». Avec les enseignements qu'il a acquis dans la pratique du jeu il sait tirer parti de toutes les possibilités que lui offrent la scène et ses acteurs. C'est en cela que son théâtre se distingue radicalement du théâtre écrit « en chambre ». Ses pièces sont des mises en situation et des mises en scène dont l'intrigue est soutenue essentiellement par les caractères des personnages. Ce ne sont pas les généralités anonymes qui intéressent Molière, c'est l'homme tel qu'il est. Dans la *Critique de l'Ecole des femmes* il explique : « Lorsque vous peignez les hommes, il faut peindre d'après nature. On veut que ces portraits ressemblent, et vous n'avez rien fait si vous n'y faites reconnaitre les gens de votre siècle. ». Il l'applique dans *L'École des femmes*, mais aussi dans *George Dandin* ou *Le Bourgeois gentilhomme*. Ce qui contribue à distinguer Molière des auteurs tragiques de son époque (Corneille et Racine) c'est l'apprentissage qu'il a fait du geste. Très impressionné par la pantomime italienne, il tiendra toujours le plus grand compte de l'expression corporelle. Dans la définition de certains de ses personnages, l'activité gestuelle tient une place aussi importante que le texte. C'est à travers le théâtre de la rue qu'il hérite des mystères du Moyen-âge. Et c'est par cette attention portée aux expressions du corps qu'il parvient à recréer l'étourdissement de la vie.

Comme il apparait que Molière a souvent tenu compte, pour la création de ses personnages, des acteurs auxquels étaient destinés les rôles, on aurait pu découvrir à travers l'un des personnages qu'il se réservait d'incarner la véritable personnalité de l'auteur. Or, il s'avère que cette quête est vaine, à part quelques fragments, Molière est toujours resté en marge de ses créations. Le génie qu'il possédait, à savoir inventer toujours de nouveaux « masques », nous empêche de le cerner dans un seul personnage. L'humour, arme essentielle de son théâtre, met à distance la réalité pour la dédramatiser.

En revanche certains personnages ont les faveurs de Molière. Sganarelle, le bourgeois berné dans *Le Cocu imaginaire*, ou le valet frondeur de *Dom Juan*. C'est son humanité la plus franche et la plus directe qui nous touche. Il est intéressant de noter que ce sont les personnages féminins que Molière a chargés d'incarner les vertus qu'il aimait. Et plus d'une de ses servantes, Dorine par exemple qui démasque *Tartuffe* ou la Toinette du *Malade imaginaire*, donnent à leur entourage une leçon de bon sens guidées souvent par l'intuition du bonheur de vivre, auquel Molière attachait le plus grand prix. Le point fort de ses pièces se concentre dans les rapports qu'il a créés entre les personnages, *Tartuffe*, *Dom Juan* et *Le Misanthrope* sont les plus représentatifs, mais c'est aussi le cas pour la relation entre père et fils dans *Les Fourberies de Scapin* ou *L'Avare*. Cette capacité à mettre en place des liens lui vient d'une grande lucidité sur les hommes de son temps. Le théâtre de Molière est contemporain de son siècle et il n'hésite pas à dépeindre les problèmes et les forces qui sont à l'œuvre sous le règne de Louis XIV. Cette audace lui vaut de nombreux scandales. La peinture des mœurs affichée dans son théâtre lui vaut d'être considéré par les critiques littéraires comme le promoteur d'un théâtre bourgeois où ne sont mis en scène que des sentiments du commun. C'est de cette vérité humaine que provient toute l'acuité de son travail. Molière puise l'humour dans le théâtre de baladin dont les techniques se transmettent de génération en génération mais dont Molière a connaissance pour tenir le public en haleine. Il saisit l'art du geste et de la pantomime. Molière s'inspire aussi des dissonances lors des spectacles. Certains des monologues sont dans un charabia invraisemblable, à la façon des italiens qui ne comprenaient pas le français et faisaient rire le public en jouant avec les sons. Il s'agit du comique de parole. Molière attribue souvent à un personnage un langage qui finit par l'enfermer dans un univers où le sens se perd (*Le Bourgeois gentilhomme*) et c'est à ce moment que le comique rejoint le tragique du monde. Ce qui prête à rire chez Molière c'est le plus souvent l'implacable solitude dans laquelle sont enfermés ses personnages, tel Alceste dans *Le Misanthrope*. La solitude les amène parfois à ne plus pouvoir communiquer avec leur entourage. C'est de cette impuissance que naît le rire.

C'est aussi ce qui caractérise la farce. À l'origine la farce est un intermède comique intercalé dans des représentations sérieuses. Mais au XVe siècle elle devient un genre autonome, comportant des petites pièces bouffonnes d'un réalisme familier (*La Farce de Maitre Pathelin*). Au XVIIe siècle les procédés comiques ont été tous repris par Molière. Au XVIIIe siècle, Beaumarchais a eu recours aux travestis, aux quiproquos. Au XIXe siècle, Courteline ou encore Labiche maintiennent la tradition, qu'ont revérifiée ensuite Alfred Jarry dans *Ubu Roi* ou Jules Romain dans *Knock*, mais aussi les auteurs de l'absurde comme Ionesco ou Beckett, ainsi que les pamphlétaires politiques.

DANS LA MÊME COLLECTION
(par ordre alphabétique)

- **Anonyme**, *La Farce de Maître Pathelin*
- **Anouilh**, *Antigone*
- **Aragon**, *Aurélien*
- **Aragon**, *Le Paysan de Paris*
- **Austen**, *Raison et Sentiments*
- **Balzac**, *Illusions perdues*
- **Balzac**, *La Femme de trente ans*
- **Balzac**, *Le Colonel Chabert*
- **Balzac**, *Le Lys dans la vallée*
- **Balzac**, *Le Père Goriot*
- **Barbey d'Aurevilly**, *L'Ensorcelée*
- **Barbey d'Aurevilly**, *Les Diaboliques*
- **Bataille**, *Ma mère*
- **Baudelaire**, *Les Fleurs du Mal*
- **Baudelaire**, *Petits poèmes en prose*
- **Beaumarchais**, *Le Barbier de Séville*
- **Beaumarchais**, *Le Mariage de Figaro*
- **Beauvoir**, *Mémoires d'une jeune fille rangée*
- **Beckett**, *En attendant Godot*
- **Beckett**, *Fin de partie*
- **Brecht**, *La Noce*
- **Brecht**, *La Résistible ascension d'Arturo Ui*
- **Brecht**, *Mère Courage et ses enfants*
- **Breton**, *Nadja*
- **Brontë**, *Jane Eyre*
- **Camus**, *L'Étranger*
- **Carroll**, *Alice au pays des merveilles*
- **Céline**, *Mort à crédit*

- **Céline**, *Voyage au bout de la nuit*
- **Chateaubriand**, *Atala*
- **Chateaubriand**, *René*
- **Chrétien de Troyes**, *Perceval*
- **Cocteau**, *La Machine infernale*
- **Cocteau**, *Les Enfants terribles*
- **Colette**, *Le Blé en herbe*
- **Corneille**, *Le Cid*
- **Crébillon fils**, *Les Égarements du cœur et de l'esprit*
- **Defoe**, *Robinson Crusoé*
- **Dickens**, *Oliver Twist*
- **Du Bellay**, *Les Regrets*
- **Dumas**, *Henri III et sa cour*
- **Duras**, *L'Amant*
- **Duras**, *La Pluie d'été*
- **Duras**, *Un barrage contre le Pacifique*
- **Flaubert**, *Bouvard et Pécuchet*
- **Flaubert**, *L'Éducation sentimentale*
- **Flaubert**, *Madame Bovary*
- **Flaubert**, *Salammbô*
- **Gary**, *La Vie devant soi*
- **Giraudoux**, *Électre*
- **Giraudoux**, *La Guerre de Troie n'aura pas lieu*
- **Gogol**, *Le Mariage*
- **Homère**, *L'Odyssée*
- **Hugo**, *Hernani*
- **Hugo**, *Les Misérables*
- **Hugo**, *Notre-Dame de Paris*
- **Huxley**, *Le Meilleur des mondes*
- **Jaccottet**, *À la lumière d'hiver*
- **James**, *Une vie à Londres*
- **Jarry**, *Ubu roi*
- **Kafka**, *La Métamorphose*

- **Kerouac**, *Sur la route*
- **Kessel**, *Le Lion*
- **La Fayette**, *La Princesse de Clèves*
- **Le Clézio**, *Mondo et autres histoires*
- **Levi**, *Si c'est un homme*
- **London**, *Croc-Blanc*
- **London**, *L'Appel de la forêt*
- **Maupassant**, *Boule de suif*
- **Maupassant**, *Le Horla*
- **Maupassant**, *Une vie*
- **Molière**, *Amphitryon*
- **Molière**, *Dom Juan*
- **Molière**, *Le Malade imaginaire*
- **Molière**, *Le Tartuffe*
- **Molière**, *Les Femme savantes*
- **Molière**, *Les Précieuses ridicules*
- **Musset**, *Les Caprices de Marianne*
- **Musset**, *Lorenzaccio*
- **Musset**, *On ne badine pas avec l'amour*
- **Perec**, *La Disparition*
- **Perec**, *Les Choses*
- **Perrault**, *Contes*
- **Prévert**, *Paroles*
- **Prévost**, *Manon Lescaut*
- **Proust**, *À l'ombre des jeunes filles en fleurs*
- **Proust**, *Albertine disparue*
- **Proust**, *Du côté de chez Swann*
- **Proust**, *Le Côté de Guermantes*
- **Proust**, *Le Temps retrouvé*
- **Proust**, *Sodome et Gomorrhe*
- **Proust**, *Un amour de Swann*
- **Queneau**, *Exercices de style*
- **Quignard**, *Tous les matins du monde*

- **Rabelais**, *Gargantua*
- **Rabelais**, *Pantagruel*
- **Racine**, *Andromaque*
- **Racine**, *Bérénice*
- **Racine**, *Britannicus*
- **Racine**, *Phèdre*
- **Renard**, *Poil de carotte*
- **Rimbaud**, *Une saison en enfer*
- **Sagan**, *Bonjour tristesse*
- **Saint-Exupéry**, *Le Petit Prince*
- **Sarraute**, *Enfance*
- **Sarraute**, *Tropismes*
- **Sartre**, *Huis clos*
- **Sartre**, *La Nausée*
- **Senghor**, *La Belle histoire de Leuk-le-lièvre*
- **Shakespeare**, *Roméo et Juliette*
- **Steinbeck**, *Les Raisins de la colère*
- **Stendhal**, *La Chartreuse de Parme*
- **Stendhal**, *Le Rouge et le Noir*
- **Verlaine**, *Romances sans paroles*
- **Verne**, *Une ville flottante*
- **Verne**, *Voyage au centre de la Terre*
- **Vian**, *J'irai cracher sur vos tombes*
- **Vian**, *L'Arrache-cœur*
- **Vian**, *L'Écume des jours*
- **Voltaire**, *Candide*
- **Voltaire**, *Micromégas*
- **Zola**, *Au Bonheur des Dames*
- **Zola**, *Germinal*
- **Zola**, *L'Argent*
- **Zola**, *L'Assommoir*
- **Zola**, *La Bête humaine*
- **Zola**, *Nana*

Lightning Source UK Ltd.
Milton Keynes UK
UKHW012008120123
415233UK00004B/371